D0685055

ÉGALEMENT AUX ÉDITIONS LEDUC.S

De père à fils
De père à fille
De mère à fils

Retrouvez :
– nos prochaines parutions,
– les résumés de tous les ouvrages du catalogue,
– le blog avec des interviews des auteurs,
– les événements à ne pas rater.
 Votre avis nous intéresse : dialoguez avec nos auteurs et nos
éditeurs. Tout cela et plus encore sur Internet à :
www.leduc-s.com

Maquette : Facompo
Traduction de l'anglais par Dominique Piolet-Françoise

Titre de l'édition originale américaine : *Mother to Daughter*
Copyright © 2005 by Melissa Harrison & Harry H. Harrison, Jr.
Published by arrangement with Workman Publishing Company, New York

© 2009 LEDUC.S Éditions
33, rue Linné
75005 Paris – France
E-mail : info@leduc-editions.com
ISBN : 978-2-84899-299-0

Melissa Harrison &
Harry H. Harrison Jr.

de
Mère
à
Fille

Préface

Un nombre impressionnant d'ouvrages ont été écrits sur l'art et la manière d'améliorer la relation mère-fille mais peu de livres nous expliquent comment construire cette relation.

C'est pour pallier ce manque que nous vous proposons ce guide.

La relation mère-fille commence bien plus tôt qu'on l'imagine. En fait, elle commence dès que la mère est enfant car c'est de son enfance à elle que dépend l'enfance qu'elle réserve à sa fille.

Une mère apprend à sa fille à forger sa propre personnalité, à gérer les pressions, à profiter des joies de la vie et à surmonter ses peurs. Elle lui apprend à se comporter en dame lorsqu'elle use de son charme, à se vêtir et à s'occuper de sa fille le jour où elle est mère à son tour. Elle lui apprend tout ce qu'elle sait sur le fait d'être une femme.

Comme le disait une mère : « Élever une fille c'est comme faire pousser une fleur. Vous lui donnez tout ce qu'il y a de mieux et si vous faites bien votre travail, un jour elle fleurit et juste après elle vous quitte. »

Toutes les mères le savent instinctive-
ment. C'est peut-être le fait de trop aimer
quelqu'un qui fait partie de soi qui explique
que la relation mère-fille soit si complexe.
L'amour d'une mère pour sa fille est
éternel et toutes les filles espèrent, un jour,
ressentir cet amour.

Les cinq règles d'or

·1·

Soyez sa mère
et non
sa meilleure amie.

·2·

Laissez-la vivre
ses propres rêves.
Ne lui demandez pas
de concrétiser les vôtres.

·3·

Soyez une femme forte
et sûre de vous.

·4·

Soyez une bonne épouse.
Vous êtes son modèle et de vous
dépendent les relations
qu'elle entretiendra plus tard
avec les hommes.

·5·

N'essayez pas d'être
à tout jamais le centre de sa vie.
Sachez prendre le large
le moment voulu.

Les années
fusionnelles

Soyez prête à vivre la relation
la plus intime, la plus forte
et la plus tendre qui soit –
à l'exclusion de la relation
que vous avez entretenue
avec votre mère.

Dès aujourd'hui,
soyez la mère que vous avez
toujours voulu être.
N'attendez pas que votre fille
ait dix-huit ans.

Acceptez qu'elle soit
la petite fille chérie
de son papa
et ce dès le berceau.

Vous n'arrivez pas
à vous faire à l'idée
que vous allez devoir
la quitter pour reprendre
le travail. C'est normal.

Vous allez vérifier si elle va bien
cinquante fois par nuit.
Rassurez-vous, au début,
toutes les mères le font.

Fini le temps où vous sortiez
bien pomponnée et sexy.
Maintenant mettre le nez dehors
est une véritable expédition :
poussette, siège-auto, couches,
biberons, peluches…

Apprenez-lui
à être aventureuse,
si petite soit-elle.

Réussir à changer la couche
d'une petite fille signifie :
1. Rien n'atterrit sur votre visage
ou vos vêtements.
2. Vous êtes capable de rester
plusieurs minutes en apnée pendant.

Tout ce qu'elle veut faire –
et ce qu'elle voudra faire encore
longtemps – c'est exactement
ce que vous faites, vous.

Apprenez par cœur le nom
de ses poupées et de ses peluches.
Demandez-lui de vous raconter
leur histoire.

Chatouillez-la.

La faire rire doit être
votre principale
occupation.

Les petites filles sont si émotives qu'elles déstabilisent leur entourage. Même leur mère.

Apprenez-lui la pâtisserie
dès son plus jeune âge en la laissant
saupoudrer les biscuits de sucre glace
ou napper les gâteaux de chocolat.
Elle adorera se lécher les doigts !

À la différence de son père,
vous serez capable de faire
la différence entre un caprice
et un vrai problème.

Aidez-la à mémoriser
son prénom, son nom et
son adresse. C'est plus important
que de lui apprendre l'alphabet.

Laissez-la vous coiffer
et coiffer son père. Dans deux ans,
cela ne l'intéressera plus.

Apprenez les chansons
que lui enseigne sa maîtresse
et chantez-les en chœur.

Même si cela vous fend le cœur,
acceptez que les poupées
que vous aviez étant petite
ne l'intéressent pas plus
de dix minutes.

L'été, sortez le tuyau d'arrosage.
Les petites filles adorent
s'amuser avec de l'eau.

Dès aujourd'hui,
commencez à économiser pour :
les cours de piano, les cours de gym,
les cours de natation, les cours de danse
et les cours d'équitation.

Les traditions qui sont en place
dans votre foyer sont les traditions
qu'elle transmettra un jour
à sa fille.

Ne culpabilisez pas lorsque vous ressentez un besoin urgent de vous aérer. Ayez toujours les coordonnées d'une baby-sitter sous la main.

Jouez à la dînette avec elle. Invitez ses ours
en peluche, faites semblant de manger
les biscuits qu'elle a préparés et de mettre
du lait et un morceau de sucre dans votre tasse.

Faites la course à cloche-pied.
Un petit truc bien utile lorsque
vous êtes en retard et que vous
voulez qu'elle se dépêche.

Ne faites jamais rien
qui puisse la faire douter
que vous l'aimez plus
que tout au monde.

Accrochez ses dessins
comme s'ils étaient
vos tableaux
les plus précieux.

Ne faites jamais pour elle
ce qu'elle peut faire toute seule.
Et ce pour votre bien
à toutes les deux.

Le soir, lisez-lui les livres
que vous aimiez lorsque
vous étiez enfant et racontez-lui
ses histoires préférées.

Écoutez-la parler
à ses poupées et vous saurez
sur quel ton vous lui parlez.

Apprenez-lui
à toujours être
un peu plus gentille
qu'il ne le faut.

Prenez du temps pour vous.
Montrez-lui qu'une maman
a aussi le droit de se reposer.

Dites-lui qu'elle peut être
celle qu'elle veut être
mais ne lui demandez pas
pourquoi elle rêve d'être actrice,
médecin, militaire ou mère
au foyer.

Glissez des petits mots
d'amour dans son cartable.
Si elle ne sait pas encore lire,
faites-lui des dessins.

Faites attention à la manière
dont se comportent les baby-sitters.
Les grandes filles qui l'entourent
sont ses modèles.

Savourez cet instant
où elle vous regarde
droit dans les yeux et vous dit :
« je t'aime ».

Montrez-lui que même
à quatre ans, un bon bain chaud
peut d'un seul coup faire oublier
la plus mauvaise des journées.

Ce n'est pas parce que la relation
que vous avez eue avec votre mère
vous a rendue malheureuse que vous n'allez
pas vivre une belle histoire avec votre fille.
L'essentiel est que vous ne reproduisiez pas
les erreurs de votre mère.

Mettez la musique à fond
et apprenez-lui à danser.

Laissez-la tomber.
Laissez-la se relever.
Autrement dit,
laissez-la se débrouiller.

Elle saura vous dire quand il est temps
que vous enleviez les roues stabilisatrices
de son vélo (tout comme elle saura toujours
vous dire quand vous n'aurez plus besoin
de lui tenir la main dans la vie).

Ne vous mettez pas en tête
que si vous faites tout bien,
il n'y aura ni querelles ni pleurs ni reproches
ni crises. Au contraire, s'il y a tout ça,
c'est que vous agissez *bien*.

Achetez-lui des jouets
pour garçons : une panoplie
de chimiste, des jeux
de construction, des petites
voitures et des gants de boxe.

Faites du dîner un moment privilégié
où la famille se retrouve autour de la table
et où chacun écoute ce que les autres
ont à dire.

Mettez du pop-corn
dans un bol, asseyez-vous
à côté d'elle sur le canapé
et regardez *Cendrillon*
pour la cinquantième fois.

Parlez-lui de votre mère
et de votre grand-mère.
Les histoires se transmettent
de mère en fille.

Donnez-lui du tissu et aidez-la
à confectionner des vêtements
pour ses poupées.
Si vous ne savez pas coudre,
faites des habits en papier.

Ne la félicitez pas
pour un rien sous peine
que les compliments
perdent de leur valeur.

Permettez-lui de cultiver son propre potager
dans lequel elle plantera des fleurs,
des tomates cerises et des herbes aromatiques.
Quelle sera sa joie, lorsque vous dégusterez
sa production.

À chaque fois qu'elle franchit une étape vous vous émerveillez. Vous oubliez que vous aussi avez franchi cette étape avant elle.

Pique-niquez
rien que toutes les deux
ne serait-ce
que dans le jardin.

Inscrivez-la à la bibliothèque
et faites-lui découvrir le bonheur
d'avoir des milliers de livres
à portée de la main.

Rangez dans une malle
tous ses déguisements (chapeaux,
robes de princesse, costumes de majorette,
bijoux…). Les petites filles adorent se déguiser
lorsqu'elles sont avec leurs amies.

Si son père répète sans arrêt qu'elle est grosse, prenez-le entre quatre yeux et dites-lui de ne plus jamais dire une chose pareille.

Apprenez-lui à grimper dans un arbre
(et à en descendre), à se suspendre
aux barres de la cage à écureuil
et à donner un coup-de-poing.
Dites-lui qu'elle est forte.

Écrivez ensemble des poèmes
que vous garderez précieusement
et que vous relirez ensemble
dans dix ans.

N'attendez pas qu'elle aille
à l'école pour entendre parler
de l'alcool et de la drogue.
Soyez la première à aborder
ces sujets avec elle.

Emmenez-la
au bord de l'océan
et laissez-la s'émerveiller
face à cette immensité.

Laissez-la se barbouiller avec votre rouge à lèvres, mettre vos boucles d'oreilles et se tordre les pieds avec vos chaussures à talon. Mais dites lui qu'il y a un âge pour tout et qu'elle est encore trop jeune pour sortir de la maison maquillée.

Dès son plus jeune âge,
apprenez-lui à bien se tenir.
Ne lui laissez pas le choix
et faites preuve de fermeté
notamment à l'adolescence.

Lorsque vous vous absentez
pour plusieurs jours,
envoyez-lui une carte postale.

Laissez-la jouer avec
votre ordinateur. Plus tôt elle
se familiarisera avec cet outil,
mieux elle saura l'utiliser.

Apprenez-lui
à s'autocritiquer,
cela lui servira toute la vie.

Emmenez-la un jour au travail avec vous
afin qu'elle voie ce que vous faites
(demandez-lui de vous aider et dites-lui
que la tâche que vous lui confiez
est importante).

Sans cesse, elle vous observe :
la manière dont vous
vous occupez de votre famille,
dont vous parlez
à vos amis, elle voit tout.

Tenez un journal
dans lequel vous noterez
tout ce qui la concerne.
Donnez-le lui
lorsqu'elle aura dix-huit ans.

Veillez à ce qu'elle n'ait jamais
l'impression que vous êtes
en colère à cause d'elle,
sauf si c'est le cas.

Ce n'est pas parce qu'elle va
à l'école que votre vie va ralentir.
Bien au contraire !

Si vous voulez qu'elle se confie
à vous quand elle sera adolescente,
ayez dès aujourd'hui
des conversations sérieuses
et intimes avec elle.

Les filles sont généralement meilleures
que les garçons dans les domaines
de la lecture et de l'expression orale.
Achetez-lui des puzzles, des casse-tête
et des jeux de stratégie
pour développer ses autres aptitudes.

Mettez en place une règle
à laquelle nul ne doit déroger :
on ne se plaint pas
à longueur de journée.

Vers l'âge de sept ans, elle commence à avoir conscience de ce que les personnes possèdent. Dites-lui que ce qui importe c'est qui elles *sont*, pas ce qu'elles *ont*.

Préparez-la afin qu'elle sache
comment résister aux attaques physiques
ou verbales des autres écoliers.
Même à l'école maternelle,
les enfants ne se font pas de cadeau.

Même si les publicités tendent à prouver
le contraire, dites-lui que les filles de huit ans
ne se promènent pas le ventre à l'air,
en minijupe et avec du brillant sur les lèvres.

Apprenez-lui à skier ou à faire
du snowboard dès son plus jeune âge.
Plus tôt elle commencera,
plus elle aura de chances
de battre les garçons.

Surtout si elle a des frères et sœurs,
une petite fille trouvera souvent
que quelque chose « n'est pas juste ».
Veillez à lui accorder autant d'attention
qu'aux autres, ni plus ni moins.

À partir de dix ans
ce sera à laquelle de vous deux
aura le téléphone pour discuter
avec ses amis. Une femme reste
une femme si petite soit-elle.

Offrez-lui un journal intime avec un cadenas et une clef.

L'une des tâches
les plus importantes que vous
ayez à remplir c'est de l'aider
à apprendre à se connaître
et savoir qui elle est réellement.

Dites-lui
qu'elle est belle…
à l'intérieur
comme à l'extérieur.

Sur le réfrigérateur, mettez des feuilles
avec les mots qu'elle a appris à orthographier.
Utilisez-les dans la conversation
afin qu'elle se familiarise
avec ce nouveau vocabulaire.

Installez-vous toutes les deux
dans la cuisine et préparez une charlotte
aux fraises ou faites frire des beignets.
Il y aura de la farine et du sucre partout
mais qu'importe.

Abonnez-la
à des magazines de son âge
qui lui seront
personnellement adressés.

Si elle sait que vous serez toujours à ses côtés en cas de problèmes, elle n'aura pas peur de faire front.

Emmenez-la faire les magasins
pour des occasions bien précises.
Ce n'est pas parce que vous lui achetez
une robe que vous devez investir
dans les chaussures, les barrettes
ou l'écharpe assortis.

Allez vous promener
toutes les deux au bord d'un lac,
dans les champs ou une forêt.
Apprenez-lui à aimer la nature.

Apprenez-lui à écrire
des petits mots
de remerciements
quand cela est nécessaire.

Une fois par an, organisez une sortie entre filles, avec votre mère, votre grand-mère et votre fille. Faites-vous belles et allez dîner au restaurant.

Expliquez-lui
qu'elle doit profiter de son enfance
puis de son adolescence
et qu'elle a tout le temps
de devenir une femme.

Apprenez-lui
à ne pas exagérer
les faits.

Jouer et parler avec votre
fille est plus important
que faire le ménage
ou préparer les repas.

Les petites filles de onze ans
sont extrêmement jalouses
non seulement des autres filles
mais aussi des garçons.

Elle aura un peu plus
confiance en elle
à chaque fois qu'elle réussira
quelque chose de nouveau.

Expliquez-lui que même
si vous n'êtes pas d'accord
ou que vous vous querellez,
l'amour qui vous lie l'une
à l'autre ne disparaîtra jamais.

Profitez des instants
où vous êtes
ensemble.
Le temps passe vite...

Les années difficiles

La plus gentille des petites filles
peut se métamorphoser en une créature
maussade, coléreuse et méchante
qui refuse de faire quoique ce soit
avec les autres membres de la famille.

Dites-lui que c'est normal
si elle mesure dix centimètres
de plus que les garçons de son âge
et que bientôt ce sera le contraire.

Elle vous colle
et la seconde d'après,
elle vous repousse.
C'est normal !

Vous avez enfin quelqu'un
pour vous accompagner au cinéma
voir un film à l'eau de rose.
Laissez votre mari à la maison
et profitez de votre soirée.

Poussez-la à passer du temps
avec sa grand-mère. Les petites filles
sont toujours complices
avec leurs grands-mères.
C'est comme ça.

Expliquez-lui
qu'elle met trop de parfum
et qu'au petit déjeuner
tout le monde a la nausée.

Laissez-la commettre
des erreurs lorsque
les enjeux ne sont pas
trop importants.

Votre fille est au lycée
et elle ne veut plus partager
avec vous ses pensées intimes.
C'est normal et presque mieux
pour vous !

Aidez-la à identifier
ses forces
et à se débarrasser
de ses faiblesses.

Acceptez que votre fille
se passionne pour
des émissions de télévision
qui vous tapent sur les nerfs.

Instaurez trois règles que tous les membres
de la famille doivent accepter :
on ne lève pas les yeux au ciel,
on ne claque pas les portes
et on se respecte mutuellement.

Dites-lui qu'elle doit respecter
ses professeurs car ce sont eux
qui la notent, la conseillent
et lui ouvrent certaines portes.

Lorsque vous êtes
toutes les deux, ne faites pas
que ce qui vous intéresse
mais faites aussi
ce qui l'intéresse elle.

Chez les filles, le premier signe
d'indépendance se voit
dans les cheveux. Est-ce vraiment
important qu'ils soient bleus ?

Lorsqu'elle vous parle, vous avez parfois
le sentiment d'être la meilleure maman
du monde et dans la phrase qui suit
que vous êtes la reine des nulles.
Il faut vous y faire !

Veillez à ce qu'elle passe
du temps avec son père.
Tous deux ont besoin
l'un de l'autre.

Vous voulez toujours tout savoir :
est-ce que des adultes seront présents à la
soirée où elle se rend ? qui la raccompagnera ?
Ne culpabilisez pas. Même si ça l'énerve,
au fond d'elle, elle est rassurée de savoir
que ce qu'elle fait vous préoccupe.

Dites-lui que ce qu'elle fait est bien.

Expliquez-lui que même si elle n'a pas toujours tort et que vous n'avez pas toujours raison, c'est toujours vous la mère.

Accordez-vous une soirée
par mois en tête-à-tête.
Faites-vous les ongles, riez,
allez au cinéma et amusez-vous.

Votre fille ne vous appartient pas
et ce quoi que vous fassiez
pour l'aider et la soutenir.

Apprenez-lui à ne pas se laisser
impressionner par des petits durs
qui avec le temps deviendront
des gros durs.

Expliquez-lui que ce n'est pas
parce qu'elle a peur
de ne pas réussir,
qu'elle ne doit pas essayer.

Demandez-lui quelle couleur
elle aimerait pour sa chambre
et passez un week-end à la peindre
et l'aménager avec elle.

Pas question que ses humeurs
mènent la danse à la maison
et vous fassent perdre
à tous la tête !

N'attendez pas que ses notes baissent
pour vous préoccuper de son travail scolaire.
Dès l'école élémentaire, vérifiez chaque soir
que ses devoirs sont faits.

Dès le collège, vous aurez une idée des centres d'intérêt et des facultés intellectuelles de votre fille. Aidez-la à développer son potentiel.

Dites-lui
de faire au moins
une bonne action
chaque jour.

Même mère Teresa aurait perdu patience face à une ado. Alors ne culpabilisez pas si, parfois, vous n'en pouvez plus.

Lorsqu'elle perd courage,
faites tout votre possible
pour la motiver à nouveau.

Pas de panique
si elle veut mettre des strings
à treize ans. Mais faites-la attendre
encore un peu...

Les adolescentes peuvent être
très cruelles entre elles.
Soyez toujours là
pour panser ses blessures.

Laissez-la choisir la station de radio
lorsque vous êtes toutes les deux en voiture.
Et évitez les commentaires désobligeants
sur le style qu'elle aime.

Nombre de « garçons manqués »
se transforment en « midinettes »
et vice-versa. La vie est ainsi faite.

Respectez son intimité
et expliquez à son père que si
votre fille reste enfermée
dans sa chambre tout un week-end
ce n'est pas dramatique.

Dans la relation mère-fille,
il y a toujours des moments de rébellion.
Lorsque votre fille se détache de vous,
ne vous éloignez pas davantage mais soyez
toujours prête à la prendre dans vos bras
lorsqu'elle sera disposée à revenir vers vous.

Les filles qui font les imbéciles
pour attirer les garçons
n'attirent que des imbéciles.
Dites-le lui.

S'il n'y a ni télévision
ni téléphone dans sa chambre,
votre fille aura moins de mal
à étudier et à dormir le soir.

Servir de chauffeur à votre fille
et ses amies a du bon dans la mesure
où les filles parlent toujours à bâtons rompus
sur le siège arrière de la voiture.

Si vous avez parfois
des mots durs, écrivez-lui
un petit mot pour lui dire que
quoi qu'il advienne, vous l'aimez.

Ne la laissez jamais aller
à un concert ou faire du shopping
sans téléphone portable
afin qu'elle puisse vous appeler
si elle a un problème.

Expliquez-lui
que les filles intelligentes
écoutent plus qu'elles ne parlent
et savent prendre la parole
au moment opportun.

Ne soyez pas rancunière
sous peine
qu'elle le devienne.

Apprenez-lui que l'on peut
exprimer son désaccord
sans être désagréable.
Cela lui servira toute sa vie.

Lui demander ce qu'elle fait,
où elle est et avec qui,
est on ne peut plus normal.
Vous devez le savoir afin de
pouvoir intervenir si besoin est.

Mettez en place des règles
quant à l'utilisation de son téléphone portable
et les sorties avec ses amis.
L'essentiel est que vous lui montriez
que vous êtes juste et que vous l'aimez.

Votre fille agit en fonction de vous.
Si vous hurlez dès qu'elle avoue
avoir commis une erreur ou que vous faites
une montagne d'une petite chose,
elle ne vous dira plus rien.

Au lycée, tout est prétexte
à la compétition : les notes,
les amis, les vêtements.
Votre fille est soumise
à une pression permanente.

Prenez-la dans vos bras
et faites-lui un câlin.

Apprenez-lui à argumenter.

Si votre fille est un
vrai mystère pour vous,
l'inverse est également vrai.

Apprenez-lui à marcher
avec des chaussures à talon
sans se tordre les chevilles.

Photographiez-la même
si cela ne lui plaît pas.
Plus tard, elle sera heureuse
de feuilleter les albums.

Insistez
pour qu'elle prenne part
aux traditions familiales…
sans râler.

Mettez la barre haute
mais dites-lui que vous avez
confiance en elle, que vous
l'aimez et qu'elle peut y arriver.

Les adolescentes doivent dormir
au minimum huit heures par nuit.
Veillez à ce qu'elle s'endorme
à une heure raisonnable.

Pendant toute une journée,
essayez de ne pas la critiquer
et de ne pas lui faire
de remarques désobligeantes.

Encouragez-la à faire du volontariat :
une bonne manière de lui faire comprendre
qu'elle n'est pas le centre du monde.

Prenez-lui les mains,
regardez-la droit dans les yeux
et dites-lui qu'elle est la fille
dont vous avez toujours rêvé.

Les filles
et la beauté

Pour certains parents,
un stick à lèvres transparent,
c'est du maquillage. Pour d'autres,
le maquillage, c'est du rouge à lèvre
et du mascara. À chacun ses convictions.

Expliquez à son père
que la majorité des filles demandent à avoir
les oreilles percées dès l'âge de dix ans
(même si pour lui, l'âge idéal est vingt ans).

Dites-lui qu'elle n'a pas besoin
de maquillage et de mèches
blondes dans les cheveux
pour être belle.

Laissez-la porter les vêtements dans lesquels elle se trouve belle. L'essentiel est qu'elle se sente bien et soit correctement vêtue.

Montrez-lui des photos de vous à son âge
avec vos *affreuses* lunettes,
vos *horribles* cheveux
et vos vêtements *ringards*...
enfin, selon ses critères.

Expliquez-lui
qu'elle doit porter ce qu'elle aime
sans se soucier de la mode.

Dites-lui qu'elle doit faire
des compliments aux autres filles
lorsqu'elles sont bien habillées
à condition de le faire
avec sincérité.

Si pour elle, ses jupes et ses shorts
ne sont ni trop courts ni indécents,
demandez-lui de les essayer devant son père
et de voir ce qu'il en pense.

Parlez-lui de la chirurgie esthétique,
des longues séances de maquillage
et des diverses techniques utilisées
pour embellir les filles
qui posent pour les magazines.

Expliquez-lui
qu'il ne faut pas
nécessairement souffrir
pour être belle.

Expliquez-lui
qu'il n'est pas indispensable
de dépenser une fortune
pour être bien habillée.

Des vêtements disparaissent
de votre armoire et atterrissent
dans la sienne : cela prouve bien
qu'ils ne sont pas aussi moches
qu'elle le dit...

Dites-lui qu'avoir de la classe
c'est avoir de bonnes manières,
s'exprimer correctement et savoir se tenir
dans toutes les circonstances
et que toutes ces choses s'apprennent.

Si elle est complexée
à cause de sa peau, n'attendez pas
pour prendre un rendez-vous
chez un dermatologue.

Peu importent les vêtements qu'elle porte, son père vous posera toujours cette question : « Tu penses qu'elle peut sortir comme ça ? »

Elle comparera ses vêtements
avec ceux de ses amies,
vêtements qu'elles s'échangeront
constamment entre elles.

Même si elle a des boutons,
si elle porte des lunettes
ou des bagues, rassurez-la
et dites-lui qu'elle est belle.

Dites-lui qu'elle ne doit
en aucun cas voler dans un magasin.
Le nombre d'adolescentes qui s'adonnent
au vol à l'étalage est impressionnant.

Expliquez-lui que ce n'est pas parce qu'elle va s'acheter un pantalon en taille 36 alors qu'elle fait du 38 qu'elle paraîtra plus mince.

Pour prendre conscience
de la différence entre votre génération
et la sienne en matière vestimentaire,
accompagnez-la dans son magasin préféré.

Dès son entrée en troisième,
autorisez-la à aller faire du lèche-vitrines
avec ses amies. Veillez, néanmoins,
à ce qu'elle ait un téléphone portable…
au cas où.

Même si elle fait les magasins toute seule ou avec ses amies, dites-lui que c'est vous qui aurez le dernier mot et qu'elle devra accepter que vous exigiez qu'elle rapporte certains articles.

Acceptez que votre fille
ait meilleur goût que vous
dans le domaine vestimentaire.

Donnez-lui une carte de crédit
avec un montant à ne pas dépasser
chaque mois afin qu'elle puisse
s'acheter ce qui lui plaît
tout en apprenant à respecter son budget.

Expliquez-lui qu'être belle
ce n'est pas avoir une taille de guêpe
et des cheveux brillants
et que la vraie beauté vient de l'intérieur.

Lorsqu'elle vous dit
que votre coupe de cheveux est démodée,
que vos vêtements sont bons à aller
à la poubelle, cela signifie qu'elle veut
que vous vous habilliez comme une fille
de seize ans. Tenez bon !

Dites-lui que parfois
c'est bien d'enlever ses chaussures
et de marcher pieds nus
même avec une jolie robe.

Votre fille
et les autres filles

De la relation qu'elle a
avec vous dépend la confiance
qu'elle accordera aux femmes
quand elle sera adulte.

Dès son plus jeune âge,
expliquez-lui que ce n'est pas
aux autres filles de décider
qui elle doit être.

Dites-lui que se moquer des autres est la meilleure solution pour se retrouver un jour toute seule.

Le plus difficile pour une mère
c'est de trouver les mots
lorsque sa fille s'est embrouillée
avec ses amies.

Expliquez-lui que les filles
qui savent profiter des autres
peuvent être un temps populaires
mais que cela ne dure pas.

Si votre fille est mise à l'écart,
passez le maximum de temps avec elle
le week-end et le soir.
Faites des sorties
et des petits voyages ensemble.

Dites-lui qu'une véritable amie
est la personne avec laquelle
elle pourra partager un succès
et qui sera sincèrement
heureuse pour elle.

Mieux vaut être une fille gentille
qu'une fille belle, riche, populaire
mais méchante.

Si votre fille vous parle de ses déboires
à l'école avec les autres filles,
ne téléphonez pas aux parents
ou aux professeurs pour régler la situation :
elle ne se confierait plus jamais à vous.

Faites en sorte que les amies de votre fille
se sentent bien chez vous.
Ayez toujours des boissons,
quelque chose à grignoter dans vos placards
et quelques DVD.

Il se peut que votre fille refuse
de discuter avec vous ; il se peut aussi
que ses amies veuillent se confier à vous.
Ne demandez pas pourquoi,
la vie est ainsi faite.

Apprenez-lui
qu'on n'oublie jamais
une personne
foncièrement gentille.

Les filles
et les garçons

Dites-lui
pourquoi vous avez décidé
d'épouser son père,
comment vous l'avez rencontré…

Un jour ou l'autre, vous devrez aborder
deux sujets avec votre fille :
les garçons, mais avant cela
les transformations que subit le corps
d'une jeune fille à la puberté.

Votre fille peut vous parler des garçons
à n'importe quel moment.
Soyez à l'écoute même si, à votre sens,
la situation ne s'y prête pas.

Familiarisez-vous avec son « jargon ».
Si elle vous dit qu'elle sort avec un garçon
cela ne veut pas forcément dire
qu'elle a des relations sexuelles !

C'est à vous de l'informer.
Ce que lui disent ses amies
est souvent erroné.

La musique d'aujourd'hui,
les émissions de télévision et les films
prônent souvent une vie sexuelle débridée.
Veillez à ce que ces messages
ne deviennent pas ses valeurs.

Il arrive qu'à la fin d'une soirée chez une amie, tout le monde reste dormir – filles et garçons – informez-la des risques éventuels.

Il n'y a qu'une fille
de quatorze ans
pour trouver un garçon
de quatorze ans irrésistible.

Il est primordial que votre fille sache qu'elle peut tout vous dire. À l'adolescence, moins elle aura de secrets pour vous, mieux ce sera.

Expliquez-lui que si elle porte
des vêtements moulants pour que les garçons
soient attirés par ses formes, ils la regarderont
et ce sera à elle d'en assumer
les conséquences. Qu'elle y réfléchisse.

Ne vous torturez pas les méninges
sous prétexte que votre fille
n'a pas encore de petit copain.
Elle a toute la vie devant elle pour ça.

Aucun homme
ne vaut la peine
que l'on trahisse
une femme pour lui.

Même si votre fille n'est pas prête pour avoir des relations sexuelles, abordez ce sujet avec elle.

Expliquez-lui que c'est à elle de savoir
ce qu'elle *attend* d'une relation avec un homme
afin de dire « Non » si son comportement
ne lui convient pas.

Conseillez-lui de trouver
un garçon qui croit
aux mêmes valeurs qu'elle.

Mettez-la en garde contre les « relations »
qui s'établissent par le biais d'Internet.
Elle doit être prudente quant à ses propos
et ne pas prendre ce qu'on lui
dit pour argent comptant.

Prenez votre voix la plus douce
et dites au petit ami de votre fille
qu'il vaut mieux pour lui qu'il la raccompagne
à l'heure dite et qu'elle ne rentre pas
en pleurs à la maison.

Invitez son petit ami
à dîner afin de mieux
le connaître.

Fréquenter un chevalier servant
est bien agréable,
qu'elle se le tienne pour dit !

Expliquez-lui que c'est à elle
de se fixer des limites afin de savoir
comment agir le moment voulu
et ne pas les dépasser dans le feu
de l'action.

Les garçons ont toujours
un conseil à donner.
Elle ne peut rien faire contre
cela. C'est génétique.

Ne vous mêlez pas trop de sa vie amoureuse : n'essayez pas de lui trouver un petit ami.

Expliquez-lui
qu'une réputation
se fait vite et vous colle
longtemps à la peau.

Ne tenez pas votre mari à l'écart
de la vie amoureuse de votre fille
et si une amourette se transforme
en une histoire sérieuse, parlez-en ensemble.

Il suffit qu'un garçon
brise son cœur
pour que le vôtre
soit brisé.

Les filles
et les activités
extrascolaires

Faites en sorte qu'elle s'intéresse au sport
et ce même si vous n'avez jamais été sportive.
Le sport contribue au bien-être physique,
moral et psychique.

Conseillez-lui de pratiquer
diverses activités mais ne dépensez pas
une fortune dans des accessoires
tant qu'elle n'a pas choisi ce qu'elle veut faire.

Jouez au tennis, au basket-ball
et au football avec elle,
même si vous êtes
une piètre partenaire.

Ce que vous devez savoir

sur les cours particuliers :

1. ils coûtent cher

2. votre fille veut faire comme ses copines

3. ce qui ne l'empêchera pas

de tout laisser tomber d'ici deux ans.

Vos rêves ne correspondent pas forcément
aux rêves de votre fille et ce n'est pas
parce que vous avez toujours rêvé
d'être majorette que vous devez l'obliger
à jouer du bâton.

Donnez des conseils à son équipe
si vous êtes une experte en la matière
mais restez sur les gradins
si vous n'y connaissez rien.

Investissez-vous
dans le club
dont elle fait partie.

Ne prenez pas ses échecs
trop à cœur sous peine
d'empirer les choses.

Demandez à votre mari
qu'il vous accompagne
aux spectacles ou
aux matchs de votre fille.

Laissez-la essayer
des choses nouvelles même si
elle s'inquiète de savoir
ce que vous allez penser d'elle
et de ses résultats.

Tenter des choses nouvelles
n'est facile pour personne :
ni les mères ni les filles
ni les pères ni les frères.

Ne lui faites pas la morale
si elle essuie un échec mais
emmenez-la manger une glace
et faites-lui un gros câlin.

Si elle décide d'arrêter la danse
alors qu'elle en fait depuis plus de dix ans,
ce n'est pas bien dramatique.
L'essentiel est qu'elle fasse
une autre activité sportive pour qu'elle
se sente bien dans son corps et dans sa tête.

Même si c'est important,
une activité extrascolaire
reste une activité extrascolaire
et le lycée doit être sa priorité.

Ses adversaires sont des filles roublardes
et prêtes à tout pour gagner.
Quand elle sera dans la vie active,
elle tombera sur les mêmes, en plus grandes !

Vérifiez que les personnes
qui entraînent son équipe
connaissent leur travail
et laissez-les faire.

Apprenez-lui
à gagner avec dignité
et à perdre avec élégance.

Les filles et l'argent

Malgré tout ce qu'elle peut dire,
ce dont elle a besoin c'est d'une assiette pleine
à chaque repas, des vêtements, un toit
et de l'amour. Le reste est superflu.

Apprenez-lui à gérer son budget
même si elle n'a que trente euros
d'argent de poche par mois.

Expliquez-lui que si elle le peut, elle doit toujours donner à ceux qui sont dans le besoin.

Si elle prête de l'argent à un ami,
elle risque de ne plus jamais les revoir
ni l'un ni l'autre. Mettez-la en garde.

Faites-lui calculer les réductions de prix
en période de soldes. Une bonne manière
de la faire progresser en calcul mental
et d'en faire une bonne gestionnaire.

Encouragez-la à attendre
la période des soldes
pour se faire plaisir.

Apprenez-lui à négocier pour...
une voiture, une augmentation de salaire,
une remise, une maison.

Encouragez-la à chercher un emploi
pour l'été qui lui permette de faire
ce qu'elle aime : travailler dans un refuge
pour les animaux, un centre de loisirs…

Passez en revue avec elle
ce que vous coûtent ses études,
la cantine et ses activités extrascolaires
et faites le pourcentage de tous ces frais
par rapport au budget de la famille.

Apprenez-lui
à ne jamais dépenser
plus d'argent qu'elle n'en a.

Si elle vous dit que toutes ses amies
ont un sac à main qui coûte
plus de trois cents euros, souriez,
prenez-la dans vos bras et tendez-lui le journal
pour qu'elle consulte les offres d'emploi.

Ouvrez-lui un compte épargne.
Il n'est jamais trop tôt
pour mettre de l'argent de côté.

Expliquez-lui que l'argent
n'a pas de valeur en soi
et que tout le monde peut,
à un moment ou un autre,
connaître des difficultés financières.

Les filles
et le succès

Si vous avez
de grands projets
pour votre fille,
elle en aura elle aussi.

Croyez en elle.

Aidez-la à évaluer
ses compétences.
Qui d'autre peut mieux
le faire que vous ?

Que veut dire pour elle
« réussir » ? Aidez-la à définir
précisément ce qui se cache
derrière ce mot.

Aidez-la à faire son premier CV.

Rappelez-lui que la seule chose
qu'elle puisse contrôler
dans ce bas monde
ce sont ses pensées.

Apprenez-lui à communiquer.
Cela lui sera utile où qu'elle soit.

Expliquez-lui que la première impression
compte beaucoup et qu'il est important
que les personnes qu'elle rencontre
pour la première fois
aient une bonne image d'elle.

Ne présumez jamais
de sa réussite
et ne lui en voulez pas
si elle échoue.

Confiez-lui des responsabilités
avant qu'elle entre dans le monde des adultes.
Parfois, elle commettra des erreurs mais,
souvent, elle vous impressionnera.

Expliquez-lui qu'être motivée
et enthousiaste est souvent inné
mais que cela peut aussi
s'apprendre.

Elle doit comprendre
que réussir ne veut pas
dire écraser les autres.

Même les gens qui ont le mieux réussi ont,
un jour ou l'autre, essuyé un échec
mais ils ont essayé à nouveau
et ont fini par gagner.

Dites-lui qu'elle peut toujours
demander ce qu'elle veut
mais qu'elle doit accepter
de ne pas l'obtenir.

Expliquez-lui
que ce qui compte c'est le résultat,
peu importe d'où on part.

Expliquez-lui qu'elle a grandi
et que nombre de petites filles
vont prendre modèle sur elle.

Si vous critiquez
tous ses faits et gestes,
elle n'osera pas
se lancer des défis.

Expliquez-lui que la volonté qu'ont les femmes d'assumer leurs responsabilités est ce qui les différencie des jeunes filles.

Votre fille n'est plus une petite fille

Votre fille est au lycée et elle rentre souvent
accompagnée de garçons et de filles.
Contre toute attente, il y a fort à parier
que vous préférerez ses fréquentations
masculines à ses fréquentations féminines.

Rassurez-la
si elle vous confie ses malheurs
mais ne lui donnez pas de conseils
si elle n'en demande pas.

Ne lui coupez pas les ailes
afin qu'elle reste au nid mais,
au contraire, poussez-la à aller
de l'avant et à découvrir le monde.

Ne baissez pas les bras dans les moments difficiles. Votre fille finira toujours par revenir vers vous.

Apprenez-lui
à répondre aux insultes
avec élégance.

Expliquez-lui qu'en voiture,
elle devra accepter certaines règles :
mettre sa ceinture de sécurité,
respecter les limitations de vitesse
et ne pas boire une goutte d'alcool.
Apprenez-lui à faire le plein
sans mettre d'essence sur ses chaussures.

Expliquez-lui que conduire imprudemment
peut être lourd de conséquences
et qu'elle peut payer (au propre comme
au figuré) toute sa vie pour une erreur
qu'elle aurait pu éviter.

Insistez sur le fait qu'elle ne doit jamais
monter en voiture avec quelqu'un qui a bu
et que dans ce cas elle doit vous appeler
pour que vous veniez la chercher.
Si cela se produit, ne posez pas de question.

Les filles ne font pas toujours
la part des choses entre
une histoire qui n'en vaut pas
la peine et une tragédie.
Aidez-la à y voir clair.

Elle ne comprend pas pourquoi
elle ne peut pas veiller toutes les nuits
jusqu'à deux heures du matin,
pourquoi elle ne peut pas sortir
avec un garçon peu recommandable,
et pourquoi elle ne peut pas bâcler
ses devoirs… Pas de panique !
Votre fille est une adolescente normale.

Lorsque votre fille a seize ans,
prenez-lui un rendez-vous chez un gynécologue.
Une fois cette première étape franchie,
dites-lui qu'il est primordial
qu'elle se fasse suivre au moins une fois par an.

Soyez ferme et dites-lui

que vous ne lui achèterez aucun vêtement

car son armoire est pleine à craquer

et qu'il n'y a pas suffisamment de jours

dans l'année pour qu'elle porte tout ce qu'elle a.

Apprenez-lui à changer un pneu, utiliser une perceuse électrique et tondre le gazon afin qu'elle puisse se débrouiller sans l'aide d'un garçon.

Inscrivez-vous ensemble
à un cours de gym.
Vous bénéficierez des bienfaits
du sport et d'une activité
commune.

Que faire face aux problèmes qui sont les siens ? Écouter.

Répéter
ce qu'elle vous a confié
est un crime
de lèse-majesté.

Encouragez-la à donner
le meilleur d'elle-même
en classe.

Si votre fille entreprend
trop de choses, expliquez-lui
que chacun doit connaître
ses limites.

Si votre fille
a confiance en vous,
elle anticipe chacune
de vos réactions.

Expliquez-lui que pour que les autres
aient une bonne image d'elle,
elle doit d'abord avoir une bonne opinion
d'elle-même.

Apprenez-lui à reconnaître
une situation dangereuse.
Si son cœur se met à battre
la chamade, elle doit fuir.

Expliquez-lui comment agir
si une situation se gâte.
Faites régulièrement le point
avec elle.

Acceptez ses excuses,
aussi difficile
que cela puisse être.

Même si elle est de mauvaise humeur,
qu'elle entre dans un conflit
et que ses paroles font mal,
elle ne veut souvent qu'une seule chose :
vous faire passer un message.

Parfois, elle n'attend
qu'une chose de vous :
que vous soyez là
mais que vous ne disiez rien.

Votre rôle n'est pas
de vous impliquer
dans tous les domaines
de sa vie.

Expliquez-lui que côtoyer
des personnes plus intelligentes
que soi est enrichissant.

Poussez-la à voyager.

Offrez-lui les livres
que vous aimeriez
qu'elle lise un jour.

Encouragez-la
à être ambitieuse,
une femme peut réussir
professionnellement.

Elle ne doit pas se confier
au premier venu
car cela peut être dangereux.

Maintenant qu'elle est à l'université vous lui parlez plus souvent que lorsqu'elle vivait sous votre toit. La vie est ainsi faite.

Dites-lui qu'elle a le droit de ne pas réussir mais qu'elle doit essayer.

Expliquez-lui qu'elle doit essayer
de régler rapidement un conflit
et que rien ne sert de garder
les choses au fond de soi.

Si elle doit choisir
entre son petit ami et les études,
insistez pour qu'elle choisisse
la seconde option.

Qu'elle n'essaie pas
d'être meilleure que les autres
mais qu'elle soit à la hauteur
de ses capacités.

Expliquez-lui que la vie
n'est rien d'autre qu'une aventure
qui vaut la peine d'être vécue.

Préparez-la à affronter le monde
en lui donnant les recettes
que votre mère vous a données.

Qu'elle apprenne à choisir ses amis.

Même si elle ne sait pas
vous le dire ou vous le montrer,
elle vous aime.

Dites-lui de bien réfléchir
avant de renoncer à ses rêves
pour un travail ou un homme.

Même adulte, une femme a besoin de sa mère.

Ne soyez pas jalouse
des autres mères
qui probablement
vous envient.

Ne la culpabilisez pas
sous prétexte qu'elle ne vient pas
vous voir ou qu'elle ne vous
téléphone pas aussi souvent
que vous le souhaiteriez.

Dites-lui
qu'elle est votre
plus grand bonheur.

Et pour finir...

...Laissez-la voler de ses propres ailes.